Inhalt

Neuorientierung der Unternehmensbewertung

Kernthesen

Beitrag

Fallbeispiele

Weiterführende Literatur

Impressum

Neuorientierung der Unternehmensbewertung

G. Dengl

Kernthesen

- Die Vertrauenskrise an den weltweiten Kapitalmärkten dehnt sich nun auch auf die Analysten und ihre Methoden (Kennziffern, DCF) zur Unternehmensbewertung aus.
- Aus der Unzufriedenheit der Anleger resultiert die Forderung nach mehr Transparenz auf allen Ebenen des Wirtschaftsgeschehens.
- Auf der Suche nach neuen und verlässlicheren Indikatoren für den Unternehmenswert findet eine Spaltung in zwei Gesinnungen statt; auf der einen Seite ein festeres Beharren auf harten Fakten, auf

der anderen Seite eine Hinwendung zu "weichen Faktoren".

Beitrag

Wie die Entwicklung an den Kapitalmärkten die Bewertung von Unternehmen beeinflusst

Zum einen führt die anhaltende Konjunkturflaute dazu, dass Anleger und Investoren sich an den Börsen eher zurückhaltend geben, zum anderen wird das Vertrauen und die Geduld der Anleger durch eine nicht abreißende Welle von Bilanzfälschungsskandalen, Betrugsfällen auf höchsten Unternehmensebenen sowie Klüngelwirtschaft zwischen Unternehmen, Analysten und Wirtschaftsprüfern immer wieder auf die Probe gestellt. Die Stimmung an den Börsen ist schlecht. Politik, Wirtschaft und die interessierte Öffentlichkeit beklagen unisono den Verlust an Vertrauen in die Funktionstüchtigkeit der Märkte. Am Ende hat man erkannt, dass ohne Vertrauen nur wenig geht.

Anleger wollen einfach nicht mehr in Unternehmen investieren, in die sie keinen Einblick haben, und deren Entwicklung sie nicht einschätzen können. Sie wollen sich nicht mehr auf Rating-Agenturen verlassen, die keine zutreffenden und objektiven Einschätzung treffen können oder wollen.

Gerade die dort ansässige Zunft der Analysten ist es, die einen Großteil der Kritik auf sich zieht. Ihre Prognosen und damit auch ihre Werkzeuge zur Bewertung von Unternehmen haben an Glaubwürdigkeit eingebüßt. Was helfen ausgefeilte mathematische Verfahren, wenn die Annahmen auf denen die Berechnungen beruhen, doch nur vom Bauchgefühl beeinflusst werden? An welchen Informationen kann man sich noch orientieren, wenn man nicht mal mehr den Experten vertrauen kann?

Wie die Analysten zu ihren Einschätzungen kommen

Wie kommen eigentlich Analysten, ausgewiesene Experten für Unternehmensbewertung, zu ihren Prognosen und den daraus sich ergebenden Empfehlungen?

Zunächst verfügen sie über dieselben öffentlich zugänglichen Informationen wie jeder Privatanleger auch. Darüber hinaus bekommen sie oft die

Möglichkeit das Management größerer Unternehmen persönlich kennen zu lernen, und sich vor Ort ein Bild von der Qualität der Produkte, der Wachstumsstrategie und der Wettbewerbsposition einer Firma zu machen.

Schließlich ist es der Job der Analysten, das vorhandene Zahlenmaterial statistisch aufzubereiten, um so die bisherige Entwicklung unter Beachtung der konjunkturellen Aussichten und der Lage der Branche in die Zukunft zu verlängern. Ihr Ziel ist es, damit eine Empfehlung zum Kauf, Halten oder Verkauf eines Papieres zu geben. Aber weil die Analysten letzten Endes auch nur auf öffentlich zugängliche Informationen zurückgreifen können, bleiben diese Einschätzungen ungenau.

Verschiedene Kennzahlen für verschiedene Branchen

Die zukünftigen Ertragsaussichten eines Unternehmens werden gerne zu Kennzahlen verdichtet. Dies dient sowohl der Reduktion der unternehmerischen Tätigkeit auf für den Investor Wesentliches und macht darüber hinaus Unternehmen innerhalb ihrer Branchen vergleichbar. Dabei eignen sich für verschiedene Branchen auch verschiedene Kennzahlen.

Die am häufigsten verwendeten Kennzahlen sind das Kurs-Gewinn-Verhältnis (KGV) sowie das Kurs-Buchwert-Verhältnis (KBV). In der Versicherungsbranche etwa ist aber das KGV ungeeignet, weil die Gewinnentwicklung der Versicherer ganz anders ist als bei Industrieunternehmen. Sinnvoller ist hier eine Analyse des Embedded Value", der den Marktwert des Versicherungsportfolios widerspiegelt. Dagegen bietet sich bei Versorgern das KGV an, weil hier die Gewinnentwicklung über lange Zeit relativ stabil ist.

Bei Branchen, in denen hohe Abschreibungen üblich sind, hat wiederum das Verhältnis von Firmenwert und Ergebnis vor Zinsen, Steuern und Abschreibungen (EV/EBITDA) die größte Aussagekraft.

Die Einschätzung hängt letztlich vom Gefühl des Analysten ab

Aufgabe der Analysten ist es, jedes Unternehmen mit der geeigneten Kennzahl zu bewerten, es auf dieser Basis mit der Konkurrenz zu vergleichen und festzustellen, ob es günstig oder teuer bewertet ist.

Zur Unterstützung der Prognose wird nun für gewöhnlich ein mathematisches Verfahren herangezogen.

Eine der am weitesten verbreiteten Methode zur Ermittlung des zukünftigen Wertes eines Unternehmens, stellt die Discounted-Cashflow-Methode (DCF) dar. Weil mit dieser Methode (wie mit vielen anderen auch) Prognosen zur Zukunft gemacht werden müssen, beinhaltet auch sie eine eingebaute "Fehlerquelle". Das Fehlerrisiko steigt noch durch den für die Diskontierung gewählten gewichteten Kapitalkostensatz, dessen Ermittlung kompliziert ist und ebenfalls verschiedener Annahmen bedarf. Selbst eine Plausibilitätsprüfung, z. B. der Vergleich mit Marktwerten, kann hier nur begrenzt Sicherheit bieten. (7)

Eine neuere Studie von PricewaterhouseCoopers kam zu dem Ergebnis, dass es bei der praktischen Unternehmensbewertung durch Analysten drei wichtige Determinanten gibt: objektive Faktoren (z. B. eine realistische Beurteilung von Management, Branche und Marktumfeld), aktienspezifische Aspekte (z. B. der Freefloat) und psychologische (z. B. allgemeine Stimmung am Markt). Der Studie zufolge, waren die psychologischen Faktoren, die ausschlaggebenden. (7)

Unternehmensbewertung also eine Bauchentscheidung? Dann hätte das Gefühl die Analysten in den vergangenen Monaten zu oft getäuscht. Viele, auch institutionelle Anleger sehen sich um ihre Investitionen betrogen, weil sie den Empfehlungen der Analysten blind gefolgt sind. Schwere Vorwürfe und Beschuldigungen sind nun an der Tagesordnung. (6), (9)

Generell ist an der Börse außerdem ein Bewusstseinswandel zu beobachten. Es erfolgt eine Rückbesinnung auf auf traditionelle Werte wie Solidität, Vertrauen und erfolgreiche Detailarbeit. Substanz gewinnt über Fassade, operative Effizienz über Strategie. (12)
Man setzt auch wieder verstärkt auf zupackende Manager, statt des bisherigen charismatischen Führers. (16)

Fallbeispiele

Aktienoptionen für Mitarbeiter bei Softwarefirmen

Aktienoptionen für Mitarbeiter und Management waren und sind vor allem in der IT-Branche gang und gäbe. In dieser Branche finden sich daher auch zahlreiche Beispiele von Bilanzen, die man unter Berücksichtigung von Aktienoptionen genauer betrachten kann.
Spitzenreiter ist CRM-Spezialist Siebel in den USA, dessen Aktienoptionen mehr als die Hälfte (54 Prozent) aller ausgegebenen Aktien ausmachen. Die Bilanzierung hätte offenbar Gewinnabschläge zur Folge. Ähnliches gilt für Firmen wie BMC, Microsoft und viele andere. Auch in Europa sieht es nur wenig besser aus. Prominentestes Beispiel ist hier SAP. (3)

Neukirchen (MG Technologies) und die Analysten

Neukirchen, der den Turnaround bei der Metallgesellschaft geschafft hat, hat von jeher eher auf harte Fakten gesetzt als auf Fantasien, Stimmungen und Trends der Börse. (9)

Wohlverhaltensregeln für Investmentbranche

Der Trend zur neuen Offenheit unter den Finanzdienstleistern trägt seltsame Früchte: Nach dem Corporate Government Kodex wartet die Investmentbranche nun mit eigenen Wohlverhaltensregeln auf (erarbeitet vom BVI), die das Vertrauen der Anleger in das Produkt Investmentfonds wieder festigen und stärken sollen. (14)

Ein Beispiel zur Messung der Nachhaltigkeit: Corporate Responsibility Report

Robert Haßler ist eine spezielle Sorte von Analyst. Ihn interessieren keine Zahlen, sondern eher die Umweltverträglichkeit von Firmen. Heute gehört Haßler eine Agentur, die sich auf die Bewertung des ökologischen und sozialen Engagements von Unternehmen spezialisiert hat, und damit zu den Vorreitern in dieser jungen Branche zählt. Seit der Gründung 1994 hat Oekom - so der Name der Agentur - an die 1.000 Firmen untersucht, darunter auch Bayer, die Deutsche Bank, Sony und Renault.

Unternehmen haben zunehmend ein Interesse daran, ein Öko-Zeugnis ausgestellt zu bekommen. UBS

Asset Management beispielsweise bezieht seit 1997 solche Zeugnisse bei der Zusammenstellung ihrer Öko-Fonds mit ein. Als Bewertungsgrundlage dient der 800 Kriterien umfassende, so genannte Frankfurt-Hohenheimer-Leitfaden, den die Analysten von Oekom zu einem auf das Wesentliche konzentriertes Instrument gemacht haben, dem Corporate Responsibility Rating. (15)

Weiterführende Literatur

(1) Savic, A., Nachhaltigkeit wird immer wichtiger / Veränderte Rahmenbedingungen begünstigen Wachstum / Banken sind gefordert, Finanz und Wirtschaft, 17.08.2002, S. 26: SONDERTHEMA aus FTD Financial Times Deutschland vom 07.06.2002, Seite 19

(2) Prazak, R. / Führing, L., Anleger blicken immer öfter hinter die Zahlen / Corporate Governance: Bei der Unternehmensbewertung zählen auch die "inneren Werte", WirtschaftsBlatt, 06.08.2002, Nr. 1679, S. E11
aus FTD Financial Times Deutschland vom 07.06.2002, Seite 19

(3) Transparenz versus Gewinn / Aktienoptionen in der Diskussion, Computerwoche, 23.08.2002, Nr. 34, S. 27

aus FTD Financial Times Deutschland vom 07.06.2002, Seite 19

(4) Pläne zum Anlegerschutz Schutz schafft mehr Vertrauen
aus Die SparkassenZeitung, 09.08.2002, Nr. 32, S. 13

(5) Kapitalmarkt braucht das Vertrauen der Anleger
aus Die SparkassenZeitung, 09.08.2002, Nr. 32, S. 3

(6) Schwierigkeiten beim Unternehmenskauf Massive Kritik an Bewertungen der Investmentbanker
aus WirtschaftsBlatt, 14.06.2002, Nr. 1642, S. A25

(7) Tücken der Unternehmensbewertung /Abhängigkeit von Markterwartungen
aus Neue Zürcher Zeitung, 15.06.2002, S. 29

(8) Dividendenrendite hat als Bewertungsmaßstab ihre Tücken
aus Frankfurter Allgemeine Zeitung, 26.07.2002, Nr. 171, S. 21

(9) "Gelesen, gelacht, gelocht"
aus Börsen-Zeitung, 23.08.2002, Nummer 162, Seite 11

(10) Streit um Bilanzierung spitzt sich zu
aus Frankfurter Allgemeine Zeitung, 22.08.2002, Nr. 194, S. 21

(11) Kaden, W., Karl Otto Pöhl über den Werteverfall in der Unternehmenswirtschaft / "Die Menschen haben das Vertrauen verloren", Manager Magazin,

01.08.2002, Nr. 8, Seite 84
aus Frankfurter Allgemeine Zeitung, 22.08.2002, Nr. 194, S. 21

(12) Ende des Börsenkults leitartikel
aus FTD Financial Times Deutschland vom 30.07.2002, Seite 31

(13) Firmen wagen mehr Transparenz
aus HORIZONT 29 vom 18.07.2002 Seite 017

(14) Wohlverhaltensregeln für Investmentbranche
aus Betriebswirtschaftliche Blätter, Juli 2002, Nr. 07, S. 351

(15) Moralischer Mehrwert
aus brand eins, Heft 6/2002, S. 72-74

(16) Die Visionäre gehen, die Alten kommen
aus Frankfurter Allgemeine Zeitung, 30.07.2002, Nr. 174, S. 14

(17) Bedeutung der Dividende nimmt zu
aus Frankfurter Allgemeine Zeitung, 29.08.2002, Nr. 200, S. 18

Impressum

Neuorientierung der Unternehmensbewertung

Bibliografische Information der deutschen Nationalbibliothek

Die Deutsche Nationalbibliothek verzeichnet diese Publikation in der deutschen Nationalbibliografie; detaillierte bibliografische Daten sind im Internet über http://dnb.d-nb.de abrufbar.

ISBN: 978-3-7379-1561-8

© 2015 GBI-Genios Deutsche Wirtschaftsdatenbank GmbH, Freischützstraße 96, 81927 München, www.genios.de

Alle Rechte vorbehalten. Dieses Werk ist einschließlich aller seiner Teile – z.B. Texte, Tabellen und Grafiken - urheberrechtlich geschützt. Jede Verwertung außerhalb der Grenzen des Urheberrechtsgesetzes bedarf der vorherigen Zustimmung des Verlags. Dies gilt insbesondere auch für auszugsweise Nachdrucke, fotomechanische Vervielfältigungen (Fotokopie/Mikroskopie), Übersetzungen, Auswertungen durch Datenbanken oder ähnliche Einrichtungen und die Einspeicherung und Verarbeitung in elektronischen Systemen.